AF382210

LE BOUDDHISME

La religion de la sagesse

Par Noëlle Costa

50MINUTES.fr

LE BOUDDHISME

LA RELIGION DE LA SAGESSE

- **Naissance de la religion ?** Ve siècle av. J.-C.
- **Où ?** En Inde.
- **Fondateur ?** Siddhartha Gautama, dit Bouddha (vers 560 av. J.-C-vers 480 av. J.-C.), sage et fondateur de la première communauté bouddhiste.
- **Principales écoles ?**
  - Le Theravâda ou Véhicule des Anciens.
  - Le Mahâyâna ou Grand Véhicule.
  - Le Vajrayâna ou Véhicule de Diamant.

Le bouddhisme émerge dans le nord-est du sous-continent indien, aux alentours du Ve siècle avant notre ère. Son fondateur, le prince Siddhartha Gautama, quitte les fastes du palais pour se consacrer à une vie d'ascète par laquelle il atteint l'Éveil et échappe aux souffrances de la vie, devenant ainsi le Bouddha.

Son enseignement et sa sagesse sont diffusés selon plusieurs écoles dans toute l'Asie, donnant naissance à une philosophie, des traditions, des rites d'une extrême diversité. Rejetant le système de castes, ouvert à tous, le bouddhisme propose aux hommes de renoncer au vouloir-vivre qui les enferme dans un cycle de renaissances plus ou moins favorables selon le karma pour accéder à la béatitude, qui est aussi renoncement, le nirvana.

Des mystères magiques de l'Himalaya, à l'élégance du zen, de la dévotion populaire au raffinement philosophique, le bouddhisme présente un visage multiple, souvent indéchiffrable, mais toujours fascinant. Aujourd'hui il se répand en Occident, et amène avec lui une histoire vieille de plus de 2 500 ans.

C'est cette diversité et cette complexité que nous voulons faire découvrir au lecteur curieux, en lui présentant un panorama du bouddhisme, une porte d'entrée pour un monde fondamentalement différent et passionnant.

UNE BRÈVE HISTOIRE DU BOUDDHISME

L'INDE DU BOUDDHA

Le bouddhisme apparaît au Ve siècle avant notre ère, au nord-est d'une terre immense que l'on n'appelle pas encore « Inde ». Il s'agit en effet d'un ensemble de royaumes et de principautés aux cultures, aux langues et aux croyances diverses. Le Nord du sous-continent voit se développer une riche civilisation, celle de l'Inde védique, dont les racines remontent à l'âge du bronze (entre IVe et le IIe millénaire) et aux Aryens de l'Asie centrale qui, par migration, apportent avec eux leur langue, le védique, qui deviendra le sanskrit puis l'hindi et le bengali ; et leurs textes sacrés, les Veda. Structurée par un strict système de castes et centrée sur l'idée de sacrifice, la religion védique donne naissance au brahmanisme vers le Ve siècle av. J.-C.

Parallèlement, à l'extrême nord-est du sous-continent, géographiquement éloigné, se développent différents courants ascétiques, dans lesquels se regroupent des moines errants, les Sramanas. Renonçant au monde et à la société, ces ascètes se mortifient et vivent dans le dénuement afin de se purifier et d'échapper ainsi au cycle des réincarnations. Ce concept de réincarnation ou de renaissance est un élément qui ne semble pas issu de la civilisation védique, mais plutôt de croyances indigènes antérieures à l'arrivée des Indo-Aryens. C'est donc au sein des mouvements de Sramanas que se développent le bouddhisme et le jaïnisme, partageant la même préoccupation autour du concept de karma et le même rejet du système des castes.

SIDDHARTHA GAUTAMA, LE BOUDDHA

Naissance et jeunesse

Fils du roi Suddhodana et de la reine Mâyâdevi (ou Mahâmâyâ), le futur Bouddha naît prince avant de renoncer au monde matériel et de devenir Bouddha, l'Éveillé ou *Sâkyamuni*, le Sage des Sâkyas. Il voit le jour vers 560 av. J.-C. à Lumbinî, dans l'actuel Népal, au sein du clan des Sâkyas.

Nous avons très peu de sources historiques sur la vie de Siddhartha Gautama, et il est difficile de distinguer ce qui tient de la légende et ce qui relève de la réalité scientifique. Il n'y a d'ailleurs quasiment pas de consensus réel sur la question des éléments de la vie historique du Bouddha. Néanmoins, selon la tradition, sa venue au monde est précédée par plusieurs signes miraculeux : la reine se voit en rêve transpercée par un éléphant blanc à six défenses ; au même moment, la terre tremble six fois. Les sages prophétisent alors que l'enfant connaîtra un destin exceptionnel : il deviendra soit un souverain tout-puissant, soit un grand sage s'il quitte le palais familial.

La naissance du futur Bouddha est également hors du commun : la reine accouche debout, sans aucune douleur, sous une pluie de fleurs. À peine né, l'enfant se met debout, fait sept pas et se tourne vers chaque point cardinal de l'univers. La reine meurt une semaine après la naissance, laissant à sa sœur Mahâprajapatî le soin d'élever le prince.

Le jeune Siddhartha grandit, choyé et entouré du plus grand luxe. Son père, voulant faire de lui un grand souverain, fait en sorte d'éviter à son fils toute souffrance et l'éduque comme un futur monarque, confiné dans son palais. Siddhartha est marié à l'âge de 16 ans à Gopâ, une princesse elle aussi issue du clan des Sâkyas. De leur union naît un fils, Rahula.

Les quatre signes

Malgré le luxe et les plaisirs qui l'entourent, Siddhartha ne peut s'empêcher de s'interroger sur le monde extérieur. Un jour, alors qu'il se promène dans le parc royal, il rencontre un vieillard et constate pour la première fois la décrépitude inexorable qui attend chaque être humain. C'est le premier des quatre signes. Il croise ensuite un homme malade, qui lui révèle que la souffrance n'est pas uniquement liée à la vieillesse, puis un cadavre, symbole de l'horreur de la mort. Bouleversé par ces visions, il fait enfin la rencontre d'un moine errant, qui lui montre la voie apaisante du renoncement. C'est une révélation pour Siddhartha : dès le lendemain, il quitte sa vie de prince et toutes ses richesses et devient lui-même un ascète.

Durant plusieurs années, il suit les enseignements de différents sages et pratique divers exercices afin de parvenir à l'Éveil et d'échapper aux souffrances de la vie. À chaque fois, il finit par surpasser son maître en maîtrisant rapidement les techniques de méditation dont il reçoit l'enseignement. Mais malgré ses accomplissements, il n'a toujours pas le sentiment d'être parvenu au bout de sa quête. Avec cinq autres compagnons, il se lance alors dans la voie de l'ascétisme extrême, s'affamant et pratiquant les mortifications les plus sévères.

Affaibli par tant de privations, Siddhartha finit par comprendre que ce n'est pas ainsi qu'il échappera à la souffrance et met fin à ses pratiques ascétiques en acceptant le bol de riz que lui offre une femme. Il quitte alors ses compagnons, qui estiment qu'il a succombé à la faiblesse et se détournent de lui.

L'Éveil

Cela fait à présent plus de six ans que Siddhartha a quitté son palais et s'est lancé dans la quête de la sagesse. Après s'être séparé de ses compagnons, il prend la décision de s'asseoir sous un pipal (un type de figuier) et de ne plus bouger avant d'avoir atteint l'Éveil. Durant 49 jours, il reste ainsi en méditation et subit les assauts de Mâra, divinité de la mort, qui lui envoie des visions cauchemardesques ainsi que ses filles pour le tenter et le détourner de la voie de l'Éveil. Siddhartha repousse ces attaques et, après avoir vaincu Marâ, accède finalement à l'Éveil, à l'âge de 36 ans.

La mise en mouvement de la roue du dharma

Devenu Bouddha, « l'Éveillé », Siddhartha hésite d'abord à partager son enseignement, mais, convaincu par l'apparition d'une divinité, décide de rejoindre ses compagnons.

Il les retrouve près de Bénarès, dans le parc des Gazelles, où il prononce son premier sermon. C'est le sermon de Bénarès, connu aussi sous le nom de première mise en mouvement de la roue du dharma, dans lequel il expose les bases de l'enseignement bouddhiste : les Quatre Nobles Vérités et le Sentier Octuple.

Ce sermon est suivi de deux autres « mises en mouvement », l'une au Pic des Vautours, l'autre à Vaisali (deux localités de l'actuel Bihar), dans lesquelles le Bouddha expose d'autres points doctrinaux. Il faut cependant noter que seul le contenu du sermon de Bénarès est unanimement partagé par toutes les écoles bouddhistes, les deux autres n'étant reconnus que par la tradition indo-tibétaine.

Entouré par des disciples de plus en plus nombreux qui forment le Sangha (la première communauté bouddhiste), le Bouddha passe le reste de sa vie à voyager et à enseigner. Il ne fait aucune distinction entre les hommes et partage son expérience aussi bien avec les puissants qu'avec les plus pauvres.

Il meurt à l'âge de 80 ans, en méditant, couché sur le côté droit. Ses dernières paroles évoquent l'impermanence de toutes les choses. Après de grandes funérailles, ses cendres sont dispersées en huit lieux différents, afin d'éviter tout conflit autour de sa dépouille.

LE BOUDDHISME, PHILOSOPHIE OU RELIGION ?

Le bouddhisme est souvent présenté non pas comme une religion, mais comme une philosophie. Qu'en est-il réellement ? Il faut tout d'abord se demander ce que l'on entend par « religion » et « philosophie ». N'oublions pas qu'il s'agit de concepts purement occidentaux, qui ne reflètent pas nécessairement la réalité asiatique !

Pour beaucoup d'Occidentaux, une religion suppose une foi envers un ou des dieu(x), des rituels et des dogmes. Selon cette définition, le bouddhisme, qui ne reconnaît pas de Dieu créateur, n'est pas une religion. Cependant, les bouddhistes ont aussi des divinités, ils se rassemblent pour prier et suivent un certain nombre de points que l'on pourrait considérer comme doctrinaux.

En ce qui concerne la philosophie, on peut se dire que « l'amour de la sagesse » reflète assez bien la quête du Bouddha vers l'Éveil. Le bouddhisme, comme la philosophie, tente de comprendre le monde et ses phénomènes afin d'en saisir le sens caché. Néanmoins, contrairement à la philosophie, le bouddhisme refuse de s'appuyer uniquement sur l'intelligence et la réflexion. L'expérience et la pratique sont en effet des éléments indispensables du cheminement bouddhiste.

LA DIFFUSION DU BOUDDHISME EN ASIE

Le Bouddha n'avait pas pour objectif de créer une nouvelle religion et ne s'est jamais présenté comme un dieu. La clef de son enseignement était que chacun pouvait à son tour atteindre l'Éveil et échapper au cycle de la souffrance. Ses disciples continuent de répandre son message après sa disparition, d'abord oralement, puis, au fil des décennies, en consignant par écrit la doctrine du bouddhisme et en se réunissant lors de trois grands conciles, durant lesquels sont définis les points doctrinaux, mais qui voient aussi l'affirmation d'écoles de pensée distinctes les unes des autres.

C'est grâce à l'empereur indien Ashoka (vers 304 av. J.-C.-vers 232 av. J.-C.), qui règne environ de 269 à 232 av. J.-C. sur un empire immense s'étendant de l'Afghanistan à Mysore (ville de l'État du Karnataka en Inde), que le bouddhisme connaît une importante diffusion. Fervent adepte, Ashoka envoie des missionnaires dans tout son empire, et même au-delà de ses frontières. Le bouddhisme se répand ainsi progressivement au Sri Lanka, en Birmanie, mais aussi au Cachemire et dans le Gandhâra (région au nord-ouest de l'actuel Pakistan). Dans cette dernière région, le bouddhisme rencontre la civilisation grecque, présente depuis les conquêtes d'Alexandre le Grand (roi de Macédoine, 356 av. J.-C.-323 av. J.-C.) : l'art gréco-bouddhiste qui en résulte est l'un des plus beaux exemples de mariage entre Orient et Occident.

À partir du Ier siècle de notre ère, le bouddhisme suit la route de la soie et se répand en Asie centrale puis en Chine et en Corée, alors divisée en plusieurs royaumes. De là, il est transmis au Japon aux alentours du VIᵉ siècle. Plus au sud, le bouddhisme se diffuse également au Tibet à partir du VIIIᵉ siècle (première diffusion) et du Xᵉ siècle (seconde diffusion), par l'intermédiaire de grands penseurs formés en Inde.

Parallèlement, le bouddhisme continue de prospérer en Inde, où s'édifient de nombreux centres religieux et universitaires dédiés à son étude. L'un des plus connus et des plus influents est l'université de Nâlânda (ville de l'actuel État du Bihar), dont la renommée attire des étudiants de tout le monde bouddhiste.

Le foisonnement intellectuel, philosophique, mais aussi scientifique, caractéristique des grands centres d'études indiens, doit cependant faire face à deux grandes menaces. La première est celle de la montée en puissance de l'hindouisme, religion issue du brahmanisme, qui concurrence le bouddhisme en Inde en intégrant le Bouddha dans son panthéon traditionnel. La seconde est celle des envahisseurs musulmans d'origine persane qui, à partir de 1175, s'étendent sur le sous-continent indien, détruisant les édifices religieux et les universités, notamment celle de Nâlânda. Au XIVe siècle, avec la destruction des derniers centres encore actifs au Cachemire, le bouddhisme disparaît définitivement de sa terre d'origine.

LE BOUDDHISME ET LES AUTRES RELIGIONS

Tout au long de son expansion en Asie, le bouddhisme a croisé de nombreuses religions sur sa route. Dans la grande majorité des cas, cette rencontre a lieu dans un esprit de tolérance et de compassion. Comme le fait remarquer Bernard Faure :

> « [Dans le bouddhisme,] il n'y a pas de dogme fondamental [...]. Il n'existe pas non plus d'autorité ecclésiastique ultime. Ces deux traits font qu'il est de prime abord difficile de parler d'orthodoxie, et à plus forte raison de fondamentalisme bouddhique. Les bouddhismes, par nature pluriels, ont su accueillir en leur sein les doctrines les plus diverses. » (FAURE (Bernard), « Le bouddhisme, une religion tolérante ? », in scienceshumaines.com)

Le bouddhisme a ainsi incorporé dans ses doctrines, son iconographie et ses philosophies de nombreux éléments issus de cultes locaux, ce qui explique en partie son incroyable diversité. L'on peut par exemple évoquer la Chine, où bouddhisme, confucianisme et taoïsme se mêlent pour devenir une véritable religion populaire chinoise pratiquée par la majorité des Chinois avant la mise en place du régime communiste.

De même, au Japon, les kamis, divinités traditionnelles du shintô (la religion indigène à l'archipel), seront incorporés dans le panthéon bouddhiste, tandis que de nombreuses pratiques syncrétiques émergent. Le mariage entre shintô et bouddhisme est tel qu'il est souvent difficile de tracer une frontière claire entre les deux, tant ces deux religions semblent se mélanger dans la vie quotidienne.

Le bouddhisme n'est néanmoins pas un exemple parfait de tolérance religieuse. Comme tout phénomène social, le bouddhisme a aussi servi d'instrument pour asseoir le pouvoir, pour dominer et régner. C'est par exemple le cas en Birmanie, où la junte militaire a longtemps utilisé la religion pour faire subir discriminations et violences aux minorités non bouddhistes du pays. Malgré l'avènement progressif de la démocratie, les Rohingyas, une communauté musulmane d'origine indienne, sont toujours considérés par l'ONU comme l'une des minorités les plus persécutées du monde.

LES PRINCIPAUX ENSEIGNEMENTS DU BOUDDHA

LES QUATRE NOBLES VÉRITÉS

Le Bouddha énonce la base de son enseignement lors du sermon de Bénarès, aussi appelé mise en mouvement de la roue du dharma (le dharma est la loi bouddhique, telle qu'elle est enseignée par le Bouddha). Les Quatre Nobles Vérités sont le cœur même du bouddhisme, reconnues par l'ensemble des écoles et traditions. Elles sont une synthèse de la compréhension de l'univers, de la vie et de la quête de l'Éveil.

Dukkha, la souffrance

La première noble vérité est la constatation de la souffrance inhérente à l'existence. Le simple fait de vivre confronte l'être humain à une multiplicité de souffrances que le Bouddha regroupe en trois grands groupes :

- la **souffrance de la souffrance**, rassemblant les formes les plus évidentes de souffrances physiques et mentales provoquées par la maladie, la douleur et la dépression ;
- la **souffrance du changement**, désignant la souffrance causée par l'impermanence de toute chose ;
- la **souffrance du conditionnement**, souffrance la plus fondamentale, car liée à la nature même de l'existence conditionnée, la vie n'étant que le résultat d'un enchaînement de causes et de conséquences (voir <u>Les Quatre Sceaux</u>).

Samudaya, l'origine de la souffrance

La deuxième noble vérité présente l'origine de cette souffrance : la soif. C'est la soif incessante du désir, qui ne peut jamais être assouvie. Là encore, le Bouddha en distingue trois types :

- la soif liée aux plaisirs des sens ;
- la soif liée au désir d'exister ;
- la soif liée au désir de mort.

Cette soif avide, renforcée par l'illusion de l'existence d'un soi individuel (c'est-à-dire d'un principe individuel essentiel, tel que l'âme pour les judéo-chrétiens), alimente les actes et les intentions qui produisent le karma et entraîne l'homme dans le cycle infini des renaissances.

Nirodha, la fin de la souffrance

La cause première de la souffrance – la soif – étant connue, il est possible, en l'éliminant, de faire cesser la souffrance. Cet état de fin de la souffrance correspond au nirvana, l'Éveil, l'objectif du cheminement bouddhiste. Étant au-delà de l'imagination humaine, il ne peut être décrit ou même entièrement appréhendé par l'esprit non éveillé.

Magga, le Sentier Octuple

Pour parvenir à l'état de nirvana, le pratiquant doit suivre le Sentier Octuple, qui le mènera à l'Éveil. Le Bouddha qualifie ce chemin de « voie du milieu », car il évite les excès et les extrêmes, que ce soit la luxure, le nihilisme ou l'ascétisme exagéré. Le Sentier Octuple est souvent représenté sous la forme d'une roue à huit branches (la roue du dharma précédemment évoquée).

Le fait qu'il s'agisse d'une roue, et non d'une échelle par exemple, montre bien que les huit branches du chemin doivent être pratiquées en même temps, et non les unes après les autres.

Les huit branches sont regroupées en trois catégories.

- L'éthique :
  - la parole juste (ne pas mentir, éviter les injures et le bavardage) ;
  - l'action juste (ne pas tuer, ne pas voler, observer une éthique sexuelle, éviter les drogues) ;
  - les moyens d'existence justes (éviter d'avoir une profession provoquant des souffrances).
- La discipline mentale :
  - l'effort juste (tenter d'éliminer les pensées négatives et malsaines, encourager les pensées justes) ;
  - l'attention juste (faire attention au corps, aux sensations, aux activités mentales) ;
  - la concentration juste (faire en sorte de pouvoir se concentrer).
- La sagesse supérieure :
  - la pensée juste (ne pas être avide, être non violent et tourné vers les autres) ;

◦ la compréhension juste (comprendre les Quatre Noble Vérités).

LES QUATRE SCEAUX

En plus des Quatre Nobles Vérités, l'ensemble des écoles bouddhistes partage également quatre principes fondamentaux. Ces éléments doivent être acceptés et respectés pour qu'un texte, une école ou une affirmation soit considéré comme bouddhiste.

Tous les phénomènes composés sont impermanents (*anitya*)

Toutes les choses existantes dans l'univers sont les résultats d'une composition de causes et d'effets : c'est pourquoi la philosophie bouddhiste parle de phénomènes composés (des phénomènes comme l'Éveil ou l'état de Bouddha sont quant à eux dit incomposés, car échappant à l'enchaînement des causes et des conséquences).

Phénomènes composés et phénomènes conditionnés sont deux concepts différents, bien qu'intrinsèquement liés : comme les phénomènes sont composés d'éléments, d'enchaînements de causes et conséquences, ils sont par la même conditionnés.

Donc, si un phénomène existe, c'est qu'il est le produit de causes. Ces causes sont d'autres phénomènes conditionnés, elles-mêmes résultant d'autres phénomènes conditionnés. Les choses naissent ainsi de conditions antérieures, et elles-mêmes servent de conditions pour les phénomènes à venir.

Tous les phénomènes entretiennent ainsi des relations de dépendance entre eux : c'est le principe bouddhique de coproduction conditionnée. Les phénomènes sont donc par nature momentanés et impermanents, car leurs conditions d'existence changent à chaque instant.

Tout ce qui est composé est source de souffrances (*dukkha*)

Nous ne sommes pas conscients de cette impermanence et nous restons dans l'illusion que les phénomènes (dont notre propre esprit) sont permanents et existent en tant que tels. Cette illusion est la raison pour laquelle nous ressentons une soif permanente, un désir d'exister, source de toutes nos souffrances. L'esprit humain est toujours à la recherche d'une permanence qui par nature n'existe pas.

Tous les phénomènes sont dépourvus de soi (*anâtman*)

Rien n'existe en soi. Les phénomènes n'existent qu'en relation les uns avec les autres. Il n'y a pas d'âme, de principe permanent ou éternel derrière les apparences. Cette idée est liée au concept de vacuité (*sûnyatâ*), notion fondamentale dans le bouddhisme. La vacuité des choses renvoie au fait qu'il n'existe pas d'essence, que rien n'est autre chose que les relations de causes et de conséquences qui ont abouti à son apparition.

Il ne faut cependant pas voir dans la vacuité un concept négatif et dans le bouddhisme un nihilisme, car la vacuité n'est pas un néant, mais bien la véritable nature des choses. Dans l'absolu, tout est vacuité, l'univers et tous les phénomènes sont unis dans une même réalité au-delà de l'enchaînement des causes et des conséquences.

Le nirvana est paix

Le nirvana est au-delà de la souffrance. En suivant la voie du Bouddha, le pratiquant peut se libérer du cycle infini des causes et des conséquences, source de souffrances et de frustrations. Le nirvana n'est pas un lieu, il n'existe pas en lui-même. Il est la fin de l'enchaînement des phénomènes, et par là l'extinction de toute souffrance.

LE KARMA ET LE CYCLE DU SAMSARA

Les êtres non éveillés sont condamnés à rester dans le cycle infini des existences conditionnées, soumises à l'enchaînement sans fin des causes et des conséquences. C'est ce que le bouddhisme nomme samsara, état qui s'oppose à celui de nirvana. Dans le samsara, les êtres meurent et renaissent continuellement, victimes de l'impermanence et du conditionnement, sources infinies de souffrances et de frustrations. Le moteur du cycle du samsara est l'addition du désir d'exister (la soif décrite précédemment) et du poids du karma qui conditionne tous les éléments de l'existence. Ces deux principes obligent l'être à enchaîner les renaissances : seul l'arrêt de ce cycle vicieux par la pratique bouddhiste peut lui permettre de s'éveiller et d'atteindre l'état de nirvana.

Le karma (ou karman) désigne les actions accomplies par un être, actions qui auront nécessairement une répercussion sur son futur. Ainsi, le karma peut être positif : s'il s'agit d'une bonne action, elle aura une influence positive sur la destinée de celui qui l'aura accomplie. Au contraire, s'il s'agit d'une mauvaise action, l'individu devra tôt ou tard en payer le prix. Toutes les actions, voire même les simples pensées ou intentions, selon certaines écoles bouddhistes, créent du karma. Qu'il soit négatif ou positif, le karma, de par sa nature conditionnée, empêche l'être de se libérer de l'enchaînement des renaissances. Ce n'est que lorsque le karma est totalement épuisé que le cycle du samsara peut s'arrêter.

Le karma détermine également les prochaines naissances de l'être. Ainsi, un karma positif permet à celui qui l'a accompli de renaître dans une vie agréable, tandis qu'un mauvais karma mène à une existence plus difficile. Le bouddhisme décrit six différentes façons de renaître, allant de la plus horrible à la plus agréable :

- les enfers, où les êtres sont condamnés à une continuelle souffrance ;
- le monde des fantômes et des esprits ;
- le monde des animaux ;
- le monde des hommes ;
- le monde des demi-dieux ou des héros ;
- le monde des dieux.

La naissance la plus favorable pour accéder à l'Éveil est celle du monde humain, car la souffrance y est assez présente pour pousser l'être à rechercher la libération, sans être pour autant insupportable. Les dieux mènent une existence beaucoup trop agréable pour ressentir le besoin de s'éveiller et d'échapper à la souffrance.

Y A-T-IL PLUSIEURS BOUDDHAS ?

Beaucoup d'Occidentaux sont frappés par la diversité des représentations du Bouddha en Asie : nous pouvons observer des bouddhas gros, des bouddhas maigres, des bouddhas féminins, etc. Pourquoi une telle variété ? Tout simplement parce qu'il ne s'agit pas de la même personne ! En effet, le terme « bouddha » désigne un individu qui a atteint l'Éveil et s'est ainsi libéré du cycle du karma et des renaissances. Gautama, le Bouddha historique, n'est ni le premier ni le seul à avoir atteint cet état. Le bouddhisme étant cyclique et le temps y étant divisé en « ères », il est cependant difficile de parler d'un premier bouddha.

Selon les différentes écoles, le nombre de bouddhas diffère. Ainsi, le courant Theravâda, principalement pratiqué dans le Sud-Est asiatique, reconnaît 28 bouddhas différents : 27 bouddhas du passé, et le bouddha de notre ère ou Bouddha historique, le Gautama.

Parmi les bouddhas les plus connus et les plus représentés, on peut citer :

- Maitreya est le Bouddha du futur, qui viendra au monde afin de remettre en marche la roue du dharma lorsque l'enseignement du Bouddha historique aura été oublié ;
- Amithâba, ou Amida, est très important dans les traditions Vajrayâna et Mahayâna, il règne sur la Terre pure de l'Ouest. Il est le Bouddha de la compassion et l'invocation de son nom permettrait selon certaines écoles d'atteindre la Terre pure, sorte de

paradis bouddhiste ;
- Budai, ou Hotei, est le Bouddha rieur, ou gros Bouddha, très présent en Chine et au Japon. Symbole de générosité, il est souvent représenté entouré d'enfants ;
- Târâ est une divinité présente dans l'hindouisme et le bouddhisme, elle est également présentée comme un Bouddha dans la tradition ésotérique tibétaine. La légende raconte qu'elle aurait fait le vœu d'atteindre l'Éveil en tant que femme, après le constat que l'immense majorité des êtres avait été libérée après une existence d'homme.

LA PRATIQUE DU BOUDDHISME

La prise de refuge

L'entrée dans la pratique et la communauté bouddhiste est appelée « prise de refuge ». Il s'agit d'un engagement, le plus souvent pris devant des moines, des maîtres ou d'autres pratiquants, durant lequel la personne s'engage à suivre la voie du Bouddha. Cette démarche est présente dans l'ensemble des écoles bouddhistes, avec quelques variantes selon les traditions. Le pratiquant prend refuge dans les trois joyaux que sont le Bouddha, le dharma et le Sangha.

- Le Bouddha : il s'agit de suivre le chemin du Bouddha et d'avoir pour objectif d'atteindre l'Éveil.
- Le dharma : il s'agit de l'ensemble des enseignements du Bouddha, de la voie à suivre afin de parvenir à la libération.
- Le Sangha : il s'agit de la communauté bouddhiste, où chacun doit se respecter et s'entraider.

Le pratiquant s'engage à respecter ces trois éléments et à mener une vie en accord avec les principes qui en découlent. Lors de la cérémonie de la prise de refuge, on énonce ainsi souvent les actions et attitudes à privilégier ou à bannir.

- Il faut éviter de :
  - faire souffrir ou tuer d'autres êtres vivants ;
  - s'attribuer ce qui ne nous appartient pas ;
  - avoir une sexualité malsaine ;
  - mentir ;
  - se droguer ou abuser de toute substance pouvant altérer l'esprit.

- Il faut cultiver :
  - la compassion ;
  - la générosité ;
  - la satisfaction ;
  - la vérité ;
  - la conscience.

Il s'agit là de l'engagement le plus simple que peut prendre un pratiquant. S'il souhaite se consacrer plus avant à la pratique bouddhiste, il peut éventuellement devenir moine, ou nonne pour les femmes.

Les communautés monastiques

L'ordination et l'organisation de la vie monastique varient selon les écoles et les traditions. En règle générale, les vœux monastiques sont pris pour la vie entière, mais il est possible de ne prendre que des vœux temporaires (c'est le cas en Thaïlande, en Birmanie, au Laos et au Cambodge), voire de suspendre provisoirement ses vœux afin de rejoindre le monde laïc.

Après un noviciat d'une dizaine d'années, durant lequel il reçoit l'enseignement bouddhiste, le pratiquant peut recevoir l'ordination et devenir ainsi un moine à part entière. Il s'engage à respecter de très nombreux préceptes, selon le *Vinaya* suivi par l'école qu'il rejoint. Le *Vinaya* (« discipline ») désigne l'ensemble des règles qui structurent la vie des communautés monastiques bouddhistes.

À partir de l'enseignement oral du Bouddha à l'intention de ses disciples (la toute première communauté), le système a été codifié et les règles se sont multipliées. Ainsi, selon les écoles, les moines doivent suivre 227, 250 ou 253 préceptes (311, 348 ou 364 pour les nonnes), divisés en trois groupes : les choses à éviter, les choses à adopter et les préceptes généraux. Diverses sanctions sont prévues si la nonne ou le moine enfreint ces règles, allant du simple avertissement à l'expulsion définitive.

Les communautés monastiques japonaises ont quant à elles choisi de ne plus suivre le *Vinaya*, mais de privilégier les vœux du bodhisattva (celui qui aspire à l'Éveil, mais qui diffère son entrée dans le nirvana afin de d'abord sauver tous les êtres). C'est pourquoi il est fréquent de rencontrer au Japon des moines mariés. En Chine, les communautés pratiquent fréquemment une double ordination, suivant les règles du *Vinaya*, mais aussi les vœux du bodhisattva.

La place de la femme dans les monastères bouddhistes

S'il existe des communautés monastiques féminines, les nonnes restent néanmoins toujours subordonnées aux moines. De plus, dans certains pays du Sud-Est asiatique, au Tibet ou au Japon, il n'est théoriquement plus possible de procéder à des ordinations féminines, les lignées de transmission ayant été, pour différentes raisons, interrompues. Les femmes souhaitant se consacrer à la pratique religieuse sont donc des laïques ou d'éternelles novices. En Chine, en Corée et au Viêt Nam, par contre, la tradition d'ordination féminine a été préservée. Il faut noter toutefois que depuis plusieurs années le monachisme féminin s'est développé, de plus en plus de femmes pratiquantes militant pour une plus grande égalité au sein des communautés bouddhistes.

LES PRINCIPALES ÉCOLES

Au fur et à mesure des siècles, les différences entre les diverses tendances du bouddhisme ont donné naissance à de nombreuses écoles et traditions. C'est pourquoi il est souvent difficile de parler simplement du bouddhisme, ce dernier étant extrêmement varié et complexe. Nous pouvons dégager trois courants majeurs, eux-mêmes divisés en une multiplicité d'écoles.

LE THERAVÂDA

Le Theravâda, ou « Véhicule des Anciens », est principalement répandu en Asie du Sud-Est : Birmanie, Cambodge, Laos, Thaïlande et Sri Lanka. Il est le courant bouddhiste le plus proche du bouddhisme originel, car issu directement d'une école ancienne. Le terme même de Theravâda apparaît relativement tard, au VIIe siècle, afin de désigner l'école bouddhiste sri-lankaise. On le connaît aussi sous le nom de Hinayâna, ou « Petit Véhicule », expression plutôt péjorative qu'il convient d'éviter.

Le Theravâda peut être décrit comme une forme « orthodoxe » du bouddhisme, dans la mesure où il se veut le plus proche des enseignements originels du Bouddha Gautama, qui occupe une place centrale dans la pensée theravâdiste. Il s'appuie ainsi sur le *Tripitaka*, ou « Trois Corbeilles », aussi nommé « Canon pali », un ensemble de textes reprenant les sermons du Bouddha. La langue pali, qui selon certaines croyances serait celle du Bouddha (les recherches scientifiques ont en fait infirmé cette affirmation), est devenue la langue liturgique du Theravâda, à l'instar du latin dans le monde catholique.

Doctrinalement, la principale distinction entre le courant Theravâda et les autres tendances bouddhistes est le statut de bouddha et la façon d'y parvenir. Pour les theravâdistes, il n'y a qu'un seul Bouddha par ère (en l'occurrence pour notre ère, Gautama). Les êtres qui atteignent l'Éveil ne sont pas des bouddhas, mais des arhat, c'est-à-dire des « méritants » qui ont obtenu la libération en suivant l'enseignement du Bouddha. Le Bouddha est quant à lui un être exceptionnel qui a pu atteindre l'Éveil de lui-même, sans avoir à suivre un chemin prédéfini.

Pour avoir une chance de devenir un arhat, il faut naître dans une existence favorable. Concrètement, seuls les moines, qui peuvent vivre de façon entièrement détachée, ont la possibilité d'atteindre cet état. C'est pourquoi l'accumulation de karma positif, permettant de s'assurer une renaissance favorable, est centrale dans les pratiques theravâdistes. Cela explique également l'importance des communautés monastiques dans les sociétés influencées par le Theravâda.

LE MAHÂYÂNA

Le Mahâyâna, ou « Grand Véhicule », est un courant de pensée qui semble émerger aux alentours du Ier siècle. Souvent présenté comme un mouvement réformateur, il s'oppose aux tenants de l'orthodoxie bouddhiste, sans pour autant que l'on puisse identifier un schisme entre ces deux pensées. À l'heure actuelle, toutes les écoles bouddhistes, à l'exception du Theravâda, appartiennent au Mahâyâna. Il s'appuie sur un canon plus large que celui du Véhicule des Anciens.

La pensée mahâyâniste introduit l'idée que l'Éveil peut être atteint par tous les êtres, et non plus seulement par ceux étant dans une existence favorable. C'est le concept de *tathâgatagarbha* (nature de bouddha) : chaque être possède en lui le germe de bouddha, la graine qui peut le conduire à l'illumination. Ainsi, même les laïcs peuvent accéder à l'Éveil. Le nombre potentiel de bouddhas est donc infini, contrairement au Theravâda. L'idéal de l'arhat est peu à peu délaissé au profit de celui du bodhisattva, celui qui aux portes de l'Éveil renonce au nirvana pour se consacrer aux êtres encore dans la souffrance. Le Mahâyâna met donc plus l'accent sur la compassion et le salut collectif que sur la libération individuelle.

Le Mahâyâna développe ainsi une importante dimension dévotionnelle, les pratiquants pouvant se tourner vers les bodhisattvas et les bouddhas, qui deviennent des objets de vénération et peuvent aider les êtres à cheminer le long du dharma.

<u>LES PRINCIPAUX BODHISATTVAS</u>

Parmi les principaux bodhisattvas, nous pouvons citer :

- Avalokiteshvara, symbole de la compassion, est souvent représenté sous une forme féminine dans le monde sino-japonais, où il est assimilé à des déesses locales ;
- Maitreya, le « Bouddha du futur », qui deviendra un bouddha pour remettre en marche la roue du dharma ;
- Kshitigarbha, qui a fait vœu de venir en aide aux êtres emprisonnés dans les mondes infernaux. Il est spécialement vénéré au Japon sous le nom de Jizô ;
- Manjushri, symbole de l'intelligence, est souvent représenté avec Avalokiteshvara et Samantabhdra comme un élément indispensable du chemin vers l'Éveil ;
- Samantabhadra, symbole de la pratique ;
- Vajrapâni, souvent représenté sous la forme d'un guerrier, est le protecteur du dharma.

Enfin, le Mahâyâna estime que le samsara et le nirvana ne sont que les deux faces d'une même réalité. C'est l'illusion dans laquelle nous nous trouvons qui nous empêche de réaliser que le nirvana est déjà là. Le Mahâyâna est ainsi une pensée non dualiste, qui rejoint la voie du milieu en rejetant toute opposition radicale entre deux éléments.

Le Mahâyâna est le bouddhisme le plus répandu dans le monde sino-japonais, ainsi qu'au Viêt Nam. Parmi ses écoles les plus célèbres, nous pouvons citer le chan chinois, le zen japonais, les écoles de la Terre pure ou le bouddhisme de Nichiren (moine japonais du XIIIe siècle.

LE VAJRAYÂNA

À côté du Theravâda et du Mahâyâna, on peut ajouter une troisième branche, le Vajrayâna, « Véhicule de Diamant », qualifié aussi de bouddhisme tantrique ou ésotérique. Contrairement à ce que l'on pourrait supposer, le Vajrayâna n'est pas un courant distinct du bouddhisme, mais plutôt une tendance pratique du Mahâyâna, qui prend son essor vers le VIIe siècle, en Inde. Il s'appuie sur les tantras, terme général qui regroupe des ensembles de pratiques, de rituels et de textes ayant pour objectif d'aider le pratiquant à acquérir certaines capacités et, à terme, à réaliser l'état de bouddha. Le tantrisme est également présent dans l'hindouisme.

Nous y retrouvons donc des conceptions philosophiques mahayânistes telles que l'importance de la compassion, la présence du germe de Bouddha dans tous les êtres et la non-dualité entre nirvana et samsara. Comme les autres courants bouddhistes, le Véhicule de Diamant a pour objectif l'Éveil et le nirvana.

L'une de ses originalités réside en fait dans les moyens et méthodes déployés pour les atteindre le plus rapidement possible, si ce n'est dans l'espace d'une vie. Le pratiquant est ainsi invité à utiliser de nombreuses méthodes tantriques, telles que la méditation, la visualisation d'une divinité, des exercices de yoga (dont certains font appel à l'énergie sexuelle) et la récitation de formules et de prières. Ces méthodes sont considérées comme très puissantes et potentiellement dangereuses si mal pratiquées : c'est pourquoi il est indispensable de recevoir l'enseignement d'un maître reconnu, qui pourra initier le pratiquant petit à petit.

Plus que dans les autres courants, l'idée de transmission et d'initiation progressive est ainsi fondamentale dans le Vajrayâna, ce qui explique le développement de lignées de réincarnation, dont le dalaï-lama (titre conféré au chef du bouddhisme tibétain, actuellement Tenzin Gyatso, né en 1935) est le plus célèbre exemple.

Le Vajrayâna est présent en Extrême-Orient, en Mongolie, en Chine, et sous la forme d'écoles bouddhistes ésotériques telles que le Shingon et le Tendai au Japon. Mais sa principale zone d'influence est le monde himalayen et notamment le Tibet, dont les quatre grandes écoles appartiennent au courant Vajrayâna.

LE BOUDDHISME AUJOURD'HUI

QUELQUES CHIFFRES

Selon les dernières recherches du *think tank* américain *Pew Research Center*, les bouddhistes représentent 7 % de la population mondiale, avec 488 millions de pratiquants. Le Mahâyâna serait le courant majoritaire, étant traditionnellement implanté dans des pays très peuplés comme la Chine. La Chine concentre par ailleurs 50 % du nombre total de bouddhistes, suivie par la Thaïlande (13 %) et le Japon (9 %).

L'immense majorité des pratiquants se trouve en Asie (99 %), mais nous pouvons quand même compter presque 3,9 millions de bouddhistes en Amérique du Nord et 1,3 million en Europe. Il est cependant intéressant de noter que si la plupart des bouddhistes vivent en Asie, seuls 12 % de la population de cette zone se déclarent bouddhiste. Par exemple, seulement 18 % des Chinois se considèrent bouddhistes, contre 93 % des Thaïlandais.

Enfin, nous pouvons noter qu'en Inde, terre d'origine du bouddhisme, seul 0,8 % de la population est bouddhiste, ce qui ne représente que 1,9 % du nombre total de pratiquants. Après avoir disparu pendant plusieurs siècles, le bouddhisme a commencé un timide retour en Inde, notamment au sein des populations dalits (les intouchables, c'est-à-dire les castes les plus basses), qui y voient certainement une échappatoire au système des castes présent dans l'hindouisme.

LE BOUDDHISME EN OCCIDENT

Si le bouddhisme est une religion très minoritaire en Occident, il n'y est pas totalement inconnu pour autant. En effet, depuis l'Antiquité, des témoignages et des récits décrivent cette religion orientale et profondément différente du monde judéo-chrétien. Bien sûr, il s'agit souvent d'informations erronées, voire de fantasmes. C'est surtout à partir du XIXe siècle, avec les courants artistiques romantiques et orientalistes, que de plus en plus d'Occidentaux commencent à s'intéresser à l'enseignement du Bouddha.

L'un des pionniers de la connaissance du bouddhisme en Occident est en fait... une pionnière ! Journaliste, orientaliste, féministe, tibétologue, chanteuse d'opéra, mais surtout intrépide aventurière, la Franco-belge Alexandra David-Néel (1868-1969) a contribué au développement de la connaissance du bouddhisme, surtout tibétain, en Europe.

Première femme occidentale à pénétrer dans la capitale tibétaine, Lhassa, déguisée en mendiante, elle passe de très nombreuses années à voyager à travers l'Asie, perfectionnant ses techniques tantriques et ses connaissances linguistiques, recevant l'estime et la reconnaissance des plus hautes autorités religieuses tibétaines. Durant sa très longue vie (elle s'éteint à plus de 100 ans), elle publie de nombreux ouvrages, principalement dédiés au bouddhisme tibétain. Nul doute que sa personnalité et sa vie trépidante ont inspiré à bien des Occidentaux l'envie de découvrir les mystères du bouddhisme et de l'Himalaya.

Le bouddhisme en Occident est principalement connu via deux courants, qui ne sont paradoxalement pas les plus pratiqués en Asie : le Vajrayâna tibétain et le zen japonais. En effet, nous remarquons actuellement une prépondérance des écoles du bouddhisme tibétain, qui représentent 60 à 65 % du paysage bouddhiste occidental. Le bouddhisme zen japonais regroupe quant à lui 25 à 30 % des fidèles.

Cette situation peut s'expliquer par plusieurs facteurs, les plus importants étant la situation politique en Asie ainsi que la présence dans ces deux courants d'une volonté de transmission. En effet, l'invasion puis l'occupation du Tibet par la Chine a fait du Vajrayâna une revendication politique et du dalaï-lama un personnage médiatique mondialement connu. Pour les Tibétains en exil, la transmission et la visibilité du bouddhisme sont une urgence culturelle et politique, la base de leur système de communication et de leur image au sein des puissances mondiales.

Le zen japonais bénéficie quant à lui de l'attrait suscité par la culture japonaise, attrait entretenu par les dirigeants nippons à travers le concept de *soft power* (concept décrivant la capacité d'un acteur politique d'en influencer un autre de manière non contraignante) : c'est le fameux « Japon, entre tradition et modernité » vendu aux touristes du monde entier.

L'ADAPTATION DU BOUDDHISME AU MONDE ACTUEL : L'EXEMPLE DE LA SEXUALITÉ

De par son extrême diversité, il est difficile de définir la position du bouddhisme sur telle ou telle question. C'est notamment le cas pour les questions d'ordre sexuel, abordant des sujets tels que le genre, l'orientation sexuelle ou encore l'avortement.

L'un des points importants de la doctrine bouddhiste est l'action juste, qui implique notamment d'adopter une conduite sexuelle éthique. Ce précepte étant très vague, il a suscité de nombreuses interprétations. Pour certains, notamment dans le Theravâda, cela signifie qu'une stricte chasteté est indispensable pour espérer atteindre l'Éveil. Pour d'autres, plus permissifs, cela veut dire que la sexualité doit, comme toute chose, être pratiquée sans excès, dans le respect de la voie du milieu. Les moines japonais ont ainsi le droit de se marier et de fonder une famille, ce qui n'est pas le cas dans d'autres communautés monastiques.

Certains courants tantriques vont même plus loin : dans ces derniers, l'activité sexuelle peut être utilisée et transcendée pour se rapprocher de la libération, tout en étant strictement encadrée ; la chasteté reste de mise dans le quotidien des monastères du Vajrayâna.

Bouddhisme et homosexualité

Cette notion de conduite sexuelle juste est aussi liée à la question de l'homosexualité, qui n'est pas condamnée explicitement dans les textes bouddhistes. Pour certains, une conduite sexuelle juste se base sur une utilisation « adéquate » des organes génitaux, ce qui conduit donc à un rejet de pratiques telles que la sodomie ou la masturbation et, par extension, à celle de l'homosexualité. Pour d'autres, une homosexualité vécue dans le respect des partenaires est préférable à une débauche ou à des rapports non consentis entre un homme et une femme.

La question de l'homosexualité est donc difficile à cerner dans le bouddhisme, d'autant plus que les avis peuvent évoluer avec le temps. C'est le cas du dalaï-lama lui-même, qui est passé au fur et à mesure des interviews d'une condamnation de l'homosexualité à ce qui semble être une plus grande tolérance sur la question : en mars 2014, il déclare ainsi lors d'un entretien avec le journaliste américain Larry King (né en 1933) ne pas être opposé au mariage entre personnes du même sexe.

Bouddhisme et avortement

La question sensible de l'avortement est également soumise à débat dans le monde bouddhiste. L'un des premiers préceptes de l'éthique bouddhique étant de ne pas tuer un autre être, la grande majorité des autorités bouddhistes rejette l'avortement, car il s'agit de la suppression d'une vie. Néanmoins, le bouddhisme n'est pas une religion où le pratiquant doit obéir à des commandements. S'il choisit d'accomplir des actions néfastes, il s'agit de sa propre responsabilité, de son propre karma qu'il devra tôt ou tard assumer.

C'est pourquoi il existe dans certains pays, notamment le Japon, des rituels visant à racheter la faute d'un avortement. Dans ce cas, le karma négatif, même s'il ne peut être totalement éliminé, est quand même « allégé ». Notons cependant que ce type de rituels, nommés *mizuko-kuyô* en japonais, est désapprouvé par de nombreuses écoles bouddhistes et qu'il s'agit plutôt de pratiques populaires.

Enfin, si la pratique de l'avortement ne peut être acceptée par la pensée bouddhique, il ne faut pas non plus y voir une condamnation sans appel : la compassion doit primer en toute occasion. C'est pourquoi en cas de viol ou de maladie sévère de l'embryon, il faut savoir faire acte de compassion et s'abstenir de juger. Le dalaï-lama est allé dans ce sens en ne prohibant pas les IMG (interruption médicale de grossesse) et en déclarant que l'avortement était à envisager selon les situations particulières.

LE DALAÏ-LAMA

Le dalaï-lama est une figure mondialement connue et représente le bouddhisme pour bien des gens. Mais peut-on réellement comparer son rôle à celui de représentants religieux tels que le pape ? Dalaï-lama est en fait un titre, que l'on pourrait traduire par « océan de sagesse » : ce titre est transmis au sein d'une lignée de *tülkous*, c'est-à-dire un enchaînement de réincarnations de maîtres spirituels importants. Ces lignées sont présentes dans les différentes écoles bouddhistes tibétaines et structurent toute la société. Considéré comme une émanation du bodhisattva de la compassion Avalokiteshvara, le dalaï-lama est la plus haute autorité du bouddhisme tibétain, et assumait jusqu'à récemment des responsabilités tant laïques que spirituelles.

L'actuel dalaï-lama, Tenzin Gyatso, est la quatorzième personne à porter ce titre.

Chef du gouvernement tibétain en exil depuis sa fuite du Tibet à la suite de l'invasion chinoise, il a reçu le prix Nobel de la paix en 1989. En 2011, il prend sa retraite politique et laisse place à une organisation plus démocratique du gouvernement tibétain en exil. Il a annoncé récemment qu'il pourrait être le dernier dalaï-lama, afin d'éviter une récupération politique de la fonction par le gouvernement chinois.

Le dalaï-lama est donc bien le plus haut représentant religieux du bouddhisme tibétain, mais pas de l'ensemble des bouddhistes. S'il est respecté par la majorité des pratiquants, il ne faut pas non plus le considérer comme l'unique détenteur de la parole bouddhiste.

EN RÉSUMÉ

- Le bouddhisme apparaît dans le nord-est de l'Inde, au Vᵉ siècle av. J.C., au sein de communautés de moines errants qui rejettent le système social brahmanique. Il se diffuse ensuite progressivement dans toute l'Asie, avant de décliner puis de disparaître de sa terre d'origine aux alentours du XIVᵉ siècle.
- Le bouddhisme est fondé par Siddhartha Gautama, un prince indien devenu moine errant. Né vers 560 av. J.-C., il se met en quête de la sagesse en menant une vie d'ascète à la recherche du nirvana.
- À sa mort, ses disciples continuent de répandre le message du Bouddha à travers l'Asie, d'abord oralement, puis finissent par mettre par écrit ses enseignements.
- Les bases de l'enseignement bouddhiste sont les Quatre Nobles Vérités et les Quatre Sceaux.
- Les Quatre Nobles Vérités sont une explication de la vie : la vie est souffrance ; cette souffrance a une origine, la soif ; il est possible de se libérer de la souffrance en mettant fin à

la soif ; pour cela, il faut emprunter le Sentier Octuple, un guide de la conduite éthique selon le bouddhisme.

- Les Quatre Sceaux sont les principes de base de la pensée bouddhique : tout est impermanent ; tout est souffrance ; rien n'existe par soi-même ; le nirvana est au-delà de tout.

- Le bouddhisme propose une vision de la vie radicalement différente des conceptions occidentales. La mort n'est pas une fin, la vie se poursuit dans une nouvelle naissance, déterminée par le karma. Le cycle des renaissances est le samsara, qui s'oppose au nirvana.

- Le bouddhisme est divisé en trois grands courants : le Theravâda (Véhicule des Anciens, présent en Asie du Sud-Est), le Mahayâna (Grand Véhicule, présent en Extrême-Orient et au Viêt Nam) et le Vajrayâna (Véhicule de Diamant, présent dans les pays himalayens et en Mongolie).

- Ces courants sont eux-mêmes divisés en une multiplicité d'écoles. Il est donc très difficile de parler synthétiquement du bouddhisme, ces écoles s'opposant sur une grande variété de questions.

- Les monastères bouddhistes sont ouverts à tous, sans distinction de caste ni de sexe. Pour autant, le monachisme féminin est aujourd'hui résiduel et placé sous la dépendance du monachisme masculin.
- Le bouddhisme a aujourd'hui des adeptes partout dans le monde, même si 99 % des pratiquants se trouvent en Asie.

Votre avis nous intéresse !
Laissez un commentaire sur le site de votre
librairie en ligne
et partagez vos coups de cœur sur les réseaux
sociaux !

POUR ALLER PLUS LOIN

SOURCES BIBLIOGRAPHIQUES

- BAYOU (Hélène) *et alii, L'ABCdaire du Bouddhisme,* Paris, Flammarion, coll. « Histoire et Religions », 2000.

- CORNU (Philippe), *Dictionnaire encyclopédique du bouddhisme. Nouvelle édition augmentée,* Paris, Seuil, 2006.

- CORNU (Philippe), « L'Occident à la découverte du bouddhisme », in *Mondialisation et identité. Les débats autour de l'occidentalisation et de l'orientalisation,* Louvain-la-Neuve, Academia-Bruylant, 2008.

- ELIADE (Mircea), *Le yoga, immortalité et liberté,* Paris, Payot, coll. « Bibliothèque historique », 2015.

- FAURE (Bernard), *Sexualités bouddhiques. Entre désirs et réalités,* Paris, Le Mail, 1994.

- FAURE (Bernard), « Le bouddhisme, une religion tolérante ? », in *scienceshumaines.com,* 11 avril 2008, consulté le 27 janvier 2018. https://www.scienceshumaines.com/le-bouddhisme-une-religion-tolerante_fr_12908.html

- LENOIR (Frédéric), *La rencontre du bouddhisme et de l'Occident,* Paris, Albin Michel, coll. « Spiritualités vivantes », 2011.

- SAILLEY (Robert), *Le bouddhisme tantrique indo-ti-bétain ou Véhicule de diamant*, Sisteron, Présence, 1980.

SOURCES COMPLÉMENTAIRES

- BOWRING (Richard), *The Religious Tradition of Japan: 500-1600*, Cambridge, Cambridge University Press, 2005.

- GUILLON (Emmanuel), *Les philosophies bouddhistes*, Paris, Presses universitaires de France, 1995.

- LENOIR (Frédéric) et TARDAN-MASQUELIER (Ysé) (éd.), *Encyclopédie des religions*, Paris, Bayard, 2000.

- OBADIA (Lionel), *Le bouddhisme en Occident*, Paris, La Découverte, 2007.

- Site internet de l'Institut d'études bouddhiques : http://www.bouddhisme-universite.org/

- Site internet du Pew Research Center : http://www.pewforum.org/2012/12/18/global-religious-landscape-buddhist/

ICONOGRAPHIE

- Statue du Bouddha du Gandhara, Ier-IIe siècle, conservée au musée national de Tokyo (Japon). La photo reproduite est réputée libre de droits.

www.50minutes.fr

Éditeur responsable : Lemaitre Publishing
Avenue de la Couronne 159 | BE-1050 Bruxelles
info@lemaitre-editions.com

ISBN ebook : 978-2-8080-0832-7
ISBN papier : 978-2-8080-0833-4
Dépôt légal : D/2018/12603/101
Photo de couverture : © Dale Cruse – Flickr.com

Conception numérique : Primento,
le partenaire numérique des éditeurs.